CATALOGUE

D'UNE COLLECTION

D'ESTAMPES

HISTORIQUES

SUR LES RÈGNES DE HENRI IV A LOUIS XVI

D'ANCIENS PLANS ET VUES PERSPECTIVES

De Paris, Lyon, Bordeaux, Rheims, Rouen, Nantes et autres grandes villes de France, plusieurs très-rares gravées et publiées dans les XVIe, XVIIe et XVIIIe siècles.

PROVENANT DE LA COLLECTION

De M. le Docteur W*** Wellesley

DONT LA VENTE AURA LIEU

HOTEL DES COMMISSAIRES-PRISEURS

RUE DROUOT, N° 5

SALLE N° 4

Le Samedi 18 Décembre 1858, à 1 heure

Par le ministère de Me DELBERGUE-CORMONT, Commissaire-Priseur rue de Provence, 8

Assisté de M. **CLÉMENT**, marchand d'Estampes. r. des Sts-Pères, 5

CHEZ LESQUELS SE DISTRIBUE CE CATALOGUE

EXPOSITION PUBLIQUE

Le Vendredi 17 Décembre 1858, de midi à 4 heures

—

1858

ORDRE DE LA VENTE

L'ordre numérique sera suivi en commençant par le nº 1.

M. Clément, expert dirigeant la vente, se charge des commissions.

CONDITIONS DE LA VENTE

Elle sera faite au comptant.

Les acquéreurs paieront en sus des adjudications CINQ pour cent applicables aux frais de vente.

AVANT-PROPOS.

La Collection dont nous donnons le catalogue vient encore offrir aux amateurs de curiosités historiques et aux archéologues et historiens, un intérêt déjà excité par l'annonce de la vente du curieux cabinet de feu M. Gilbert; moins considérable, notre collection peut lui servir de complément, car, exception faite de quelques pièces rares qui se trouvent dans les deux collections, la notre contient des PLANS ET VUES PERSPECTIVES DE PARIS ET SES ENVIRONS, ET DES GRANDES VILLES DE FRANCE, BORDEAUX, LYON, ROUEN, NANTES, etc., ainsi que des pièces historiques, dont plusieurs très-rares, sur les règnes de LOUIS XIII, LOUIS XIV et LOUIS XV, lesquelles ne se trouvent pas dans la collection de M. Gilbert.

ESTAMPES

TOPOGRAPHIQUES ET HISTORIQUES

SUR LA FRANCE

Anciens Plans de Paris à diverses époques

1 — Plan de Paris sous Charles V, d'après une ancienne tapisserie, gravé par d'Heullant. A ce plan est jointe une dédicace à M. de Beaumont, archevêque de Paris, et l'explication du plan. Très-belle épreuve du 1er état.

2 — Plan de Paris sous Charles VI, gravé par Hans Bol. Deux épreuves, une avec les costumes.

3 — Plan de Paris, gravé en bois en 1548, avec monogramme H. R. et M. D. Ces lettres accolées et un poignard

4 — La ville, cité et université de Paris, 1575, plan gravé en bois et signé *Cruche*. Très-rare.

5 — Plans de Paris sous Henri IV, un gravé en Italie, l'autre gravé à l'eau-forte dans le goût de Ducerceau. Deux pièces.

5 bis — Plan de la ville, cité et université de Paris en 1652. *A Paris, chez Jean Boisseau*. Rare.

6 — Plan de Paris, par De La Belle. 1er état avant la girouette sur le clocher de l'église Saint-Germain-l'Auxerrois. Rare.

7 — Ancien plan de Paris, en deux feuilles, sous Louis XIII, sans nom ni date; les noms des rues, manuscrit d'une écriture du temps. Rare.

8 — Le Plan de la ville, cité, université et faubourgs de Paris, avec la description de son antiquité et singularité. *M. Mérian Basiliensis fecit.* 1er état avant l'adr. de Mariette. Rare.

9 — Plan de Paris dressé sur les lieux et sur les mémoires de Jouvin de Rochefort. *A Paris, chez N. de Fer.*

10 — Carte générale de la banlieue de Paris. *A Paris, chez N. Berey, enlumineur du Roy, proche les Augustins, aux deux globes.* Plan en six feuilles ; il est entouré des principaux monuments de Paris et des noms et armoiries de tous les prévosts des marchands depuis l'an 1407 jusqu'à présent (1654), avec l'année de leur réception et aussi des portraits de Louis XIV jeune et d'Anne d'Autriche, régente. 1er état. Rare.

11 — Paris et ses environs, par Jouvin de Rochefort, dédié à Arnaud de Pomponne. *A Paris, chez N. de Fer.*

12 — Plan de Paris, par Jaillot, en 1717, en quatre feuilles.

13 — Différents plans de Paris à diverses époques et de divers formats. 19 pièces.

14 — Plan de Paris, ses faubourgs et ses environs, par Roussel, 1731, en neuf feuilles.

15 — Huit plans de Paris depuis Lutèce. *Paris, par N. de Fer*, pour servir au traité de la police de Delamare.

Vues perspectives et panoramiques de Paris à diverses époques

16 — Lvtetia vrbs Parisiorvm, par *Leonard Gaultier*, en 1607. Profil de la ville de Paris, par *Silvestre. Paris, chez Chereau.* Trois pièces.

17 — L'admirable dessein de la porte et place de France avec ses rves commencées à constrvire es marestx du temple, à Paris, durant le règne de Henry le Grand, 4e du nom, l'an mil six cent dix, par Clavde Chastillon Chaulonnois. *A Paris, chez Jean Le Clerc.*

Pièce rare, avec un texte au bas en quatre colonnes. Ce texte, par Chastillon, fait connaître les projets d'Henri IV pour la ville de Paris. Nous en citerons ce passage :

« Et particulièrement la ville de Paris.... où Sa Majesté... auait projeté de faire ce beau et superbe dessein de la porte et place de France entre les portes Saint-Antoine et du Temple. Et pour cet effect, il donna charge à M. le duc de Suilly de faire faire cette porte et place, à laquelle il apporta beaucoup d'industrie, et se transporta sur le lieu, donnât l'inuention et reglement tel que ce dessein ci-dessus représenté le demonstre, qu'il fit aussi tracer devant lui, par les sieurs Alléaume et Chastillon, ingénieurs de Sa Majesté. »

18 — Vue perspective de Paris en quatre feuilles. *Amstelodami, Franciscus Hoianus fecit excu dit*, 1619. Rare.

19 — Vue perspective de Paris en 1620.

20 — La place Dauphine, par C. Chastillon. *J. Poinsart ex.* 1640. Estampe en deux feuilles.

21 — Le plan de l'isle et le povrtraict du Pont Marie et isle Saint-Louis. La première pierre mise au pont par Louis XIII et la reine sa mère, le samedi XI octobre 1614. *Jean Messager, excudit, rue Saint-Jacques, à l'Espérance.* Pièce rare.

22 — Perspective de la ville de Paris, veüe du Pont des Thuileries. *Siluestre incidit Parisys*, 1650. Très-belle épreuve.

23 — Vue perspective de Paris en 1654.

24 — Vue perspective de Paris. *M. Merian ad viuum del.*

25 — Vue perspective de Paris. *F. B. Werner Kiles Deline.*

26 — Vue perspective de Paris. *A Paris, chez Charpentier, rue Saint-Jacques-au-Coq.*

27 — Vue de Paris. *Israel Silvestre del. et sculp. Desbrulans scrip.* Dans la marge du bas l'explication des monuments en latin et français, ainsi que ces quatre vers :

Rome, n'espère plus que l'on traverse l'onde,
Pour voir tes beaux debris et puiser dans tes lois;
Qui voit le grand Paris, beau séjour de nos rois,
Peut se vanter partout qu'il a vu tout le monde.

Grande estampe très-rare.

28 — Grande vue panoramique de Paris, dédiée à messieurs les prevosts et échevins de la ville de Paris, par N. Berey, gravé par N. Cochin. Curieux et très-rare Elle est mal conservée.

29 — Vues panoramiques de l'Hôtel-de-Ville, du Pont Saint-Michel, de l'île Notre Dame et aspect occidental du Pont-Neuf et galerie du Louvre. Quatre estampes par N. Cochin.

30 — Vue de Paris en deux feuilles. Cochin del et fecit, *Mariette excudit.*

31 — Vue de Paris. *Hugo Allardt excudit.*

32 — Vue de Paris, de Montlouis, entre le Menilmontant et Charonne. *N. Boquet del., J. B. Nolin excudit.*

33 — Vues de Paris, depuis Saint-Germain-l'Auxerrois jusqu'à l'hôtel de Conty. — Du coin de l'île Notre-Dame.—Depuis les Quatre-Nations jusqu'au Pont-Royal. Trois estampes dessinées par *Chaufourier*.

34 — Vues de Paris, prises de la pointe de l'Arsenal en 1732. — Du clocher de l'église de Chaillot en 1733. — Du château de Meudon en 1735. — Du côté de Belleville en 1736. — Quatre grande pièces dessinées et gravées par *Milcent*.

Monuments de Paris

Le Louvre, les Tuileries, l'Hôtel-de-Ville, Palais Royal, Luxembourg, Églises, Ponts, Fontaines, Portes, etc.

35 — Explication du dessein du Louvre, proposé au roy par Al. Houdin, architecte ingénieur de Sa Majesté, présenté au roy en 1660. Rare.

36 —Vues des Thuileries et du Louvre, dont Tableaux comparatifs des divers projets de leur réunion. 33 pièces dessinées et gravées par J. Callot, *J. Silvestre*, Perelle et *Le Pautre*.

37 — Deux dessins : vues des Thuileries et du Louvre.

38 — Plan dessiné du parterre du jardin des Thuileries et note manuscrite indiquant les noms des jardiniers et l'indication des parties dont ils avaient l'entretien.

Ces jardiniers étaient André Le Nostre, Pierre Desgots, Guillaume Masson, Claude Carbonnet, et l'orangerie par la veuve Bouchard et ses filles.

39 — Vue du salon du Louvre en l'année 1753. Pièce gravée à l'eau-forte par Gabriel de Saint-Aubin. Rare.

40 — Portrait du magnifique bastiment de la maison de ville de Paris, par *Claude Chastillon*, en 1623. M. *Merian, sculp.*.

41 — Vues de l'Hôtel-de-Ville de Paris, gravées par N. Cochin, Perelle, Frosne, Silvestre, d'après Raguenet. — Vue de la lanterne de la place de Grève en 1789, et deux statues de Louis XIV; la première gravée par Frosne, la seconde celle de Coisevox. En tout dix pièces.

42 — Hostel de Nevers dans la ville de Paris et le paisage prochain et chose plvs remarquable, par C. Chastillon. *J. Poinsart ex.*

43 — Collége royal de Henry le Grand, 1612. — Hostel du Maine et hostel d'Angovlême. 3 pièces par Chastillon.

44 — Luxembourg, place Louis XV, place des Victoires, place Dauphine, magazins d'armes de la Bastille, dessin du bois de Boulogne en 1746 (1,700 arpens), école de chirurgie (aujourd'hui l'école gratuite de dessin), le Jardin des Plantes, par A Bosse, etc. 19 pièces

45 — Plans et vues de l'hôtel royal des Invalides, par Perelle, Aveline, N. Marot, de Fer, etc. 15 pièces. Plus deux plans du Champ-de-Mars en 1753.

46 — Palais-Royal. 12 pièces. Plans et vues à diverses époques.

47 — Vue de la place Royale, la Sorbonne, les quatre nations, profil de l'église de Port-Royal, maison de M. de Bretonuiller dans l'isle Notre-Dame, les Gobelins, plan des remparts de Paris, les Porcherons, etc, 14 pièces.

48 — Paroisse de Saint-Germain-l'Auxerrois, plan en 1739, par M. Labrue, curé de ladite paroisse.—Plan d'un canal projeté depuis l'Arsenal jusqu'à Chaillot, par J. F. Blondel del. et sculpt. — Plan détaillé de la Cité en 1754, par Delagrive. — Coupe de la ville de Paris, par Buache. 4 pièces.

49 — Colonne érigée en l'hôtel de Soissons, par Marie de Médicis; trois plans des Halles, plus un dessin.

50 — Vue de la maison du Père Lachaise à Ménil-Montant, par Silvestre. Bicêtre, Arcueil, Cachan, Issy, etc. 11 pièces par Perelle et Guérout.

51 — La tour du Temple à Paris, un dessin lavé au bistre par Hennequin, prisonnier, en l'an v. Deux autres vues.

52 — Diverses vues de monuments et d'églises de Paris. 40 pièces.

53 — Sainte-Geneviève de Paris, par Soufflot. Sept pièces, dont une vue de l'intérieur de la bibliothèque, gravée par de la Gardette en 1773, et une vue de l'abbaye en 1691.

54 — Notre-Dame de Paris, vue du portail et de l'intérieur. 16 pièces par J. Silvestre, Perelle, Marot, etc., *chez Jean Sauué*, plus la figure de la grosse cloche, fondue le 31 octobre 1681.

55 — La Sainte Chapelle. Portail des églises hautes et basses par P. Brebiette, profil de l'église de la Sainte Chapelle et portail, deux pièces. A Paris, *chez Jean Boisseau, à la fontaine de Jouvence*, et trois vues par Silvestre. 6 pièces rares.

56 — Chaires à prêcher de Saint-Eustache, Saint-Etienne-du-Mont, Saint-Paul et Saint-Louis en l'île. *A Paris, chez Leblond*. Sept pièces, plus quatre plans.

57 — Vues des églises de Paris. Cinquante-cinq pièces; de ce nombre 16 par Silvestre, 38 par Jean Marot, et une vue de l'hôpital Saint-Louis, du recueil de Chatillon. Cet article sera divisé.

57 bis. Coupe et plans de diverses chapelles d'églises de Paris, par Blondel, dont coupe et perspective de l'église Saint-Sulpice, par Jacques Blangy, en 1745. 11 pièces.

58 — Vues et plans de tabernacles et maîtres-autels des églises de Paris, plusieurs dessinés et gravés par Blondel. 20 pièces.

59 — Vues du Pont-Neuf, pont Notre-Dame, de la Cité, pont Royal, pont Louis XVI, etc. 38 pièces, par Perelle, Aveline, S. Leclerc, etc.

60 — La vue du Pont-Neuf, comme il se présente à l'œil du pont des Thuileries. *M. Van Lochon excudit.*

61 — Marche du Roy sur le Pont-Neuf et allant au palais, d'après Vander-Meulen, par J. V. Huchtenburgh, sculp. Très-belle épreuve.

62 — Plan des fontaines de la ville et faubourgs de Paris, 1737. Plan des cours de la Seine dans la traversée de Paris, et diverses fontaines, dont celles des Innocents, Château-d'Eau, etc., et projet d'une fontaine sur une place près de la Bastille, par le sieur Douceur, ingénieur. 19 pièces.

63 — Plan général des sources, regards et aqueducs des eaux de Riengis et d'Arcueil, jusqu'au grand château-d'eau, près l'Observatoire. Plan du château et de la machine du Pont Notre-Dame, avec description manuscrite, divers plans des regards de la Croix du Trahoir, de la place des Victoires et des regards

d'Arcueil et de Rungis. 13 plans et coupes, dessins lavés en 1723 et 1727 par Francini et Beausire, architectes.

64 — Portes Saint-Martin, Saint-Denis, Saint-Antoine et autres à Paris, gravés par S. Leclerc, Perelle, etc. 19 pièces.

65 — Portes Saint-Denis, deux différents projets, dessins lavés à l'encre, du temps.

66 — Vue des Porcherons du costé de la nouvelle France, vue des moulins à Montmartre, et vue des bords de la Seine, trois dessins lavés par A. Flamen.

Plans et Vues perspectives des environs de Paris, Châteaux et Maisons royales

Saint-Cloud, Meudon, Versailles, Vincennes, Chantilly, Fontainebleau.

67 — Cartes particulières des environs de Paris par Messieurs de l'Académie royale des Sciences, en l'année 1674, gravés par Delapointe en l'année 1678, en neuf feuilles.

68 — Environs de Paris par Jaillot, cinq cartes. Diocèse de l'archevesché de Paris, par Jouvin de Rochefort, et autres par Vivier, N. de Fer, etc. Neuf cartes.

69 — Un dessin du cours de la Seine et d'un projet de canal de navigation, fait à la plume, lavé et signé Claude Chastillon, Chaulonois, en 1615. Curieux et rare.

70 — Vues et plan du château de Saint-Germain-en-Laye en 1639, en quatre feuilles. A Amsterdam, chez Corneille Dankertz. Cinq autres vues, par M. Tavernier, ex., Silvestre et Rigaud.

71 — Saint-Cloud, d'après Lincler, par Colignon. Épreuve avant l'adresse de P. Mariette.

72 — Vues du château de Vincennes, treize pièces par Ducerceau, Boisseau, Berey, Marot, Louis Moreau.

73 — Vues de Meudon, Versailles, 1783, Écouen, St-Denis, Charenton, Ermenonville, Marly, Sceaux. 16 pièces.

74 — Vues et plan du château de Chantilly par Perelle, Aveline, Breteuil, Jardinier. 7 pièces.

75 — Portrait de la maison royale de Fontainebleau. *Alexander Francini Florentinus figuravit* 1614. *Micael Asinius sculpsit.*

76 — Vues et plan de Fontainebleau par Vander-Meulen, N. de Fer, etc. 5 pièces.

Anciens Plans et Vues des grandes Villes de France

Lyon, Bordeaux, Rouen, Rheims, Nantes, Nancy, etc.

77 — Aix en Provence, plan par Devoux, entouré des antiquités de cette ville ; autre plan par Jacobus Maretz. 5 pièces.

78 — Amboise. Vue de la ville sur le bord de la Loire. Dessin.

79 — Amiens. Plans et vues intérieure de la cathédrale, par Chastillon, Dewert, etc. 5 p. Rares.

80 — Angers. Plans en 1576, gravés en bois. Adam Vanderlant, inventor; en 1638, *chez Melchior Tavernier*, en 1776, et une perspective de la ville gravé par Collignon, d'après Linclerc. pièces.

81 — Antibes. Deux plans, dont un dessin au XVIIe siècle.

82 — Arras, dont le siége de cette ville, par Della-Bella. 4 pièces, compris un dessin.

83 — Avignon. Plan en 1618 en quatre feuilles. Trois autres, dont un par Merian.

84 — — Profil de la ville, dessiné et gravé par Israël Silvestre. P. Mariette.

85 — Vue de la ville d'Avignon, d'après J. Vernet, en 1757, gravé par P. A. Martini, en 1782. Deux épreuves, une avant la lettre.

86 — Vues, plans et cathédrales d'Autun, Auch, etc. 9 pièces.

87 — Beauvais. Plan en bois, en 1574, et intérieur de la cathédrale.

88 — Vues et plans de Bordeaux, dont une perspective par C. Danckert ; un plan en bois et un plan par Valezzio. 11 pièces.

89 — Le vray portrait de la Sainte-Beaume où sainte Marie a fait pénitence l'espace de 33 ans. Dessigné sur le lieu par le frère Thomas Montcornet, de l'ordre des frères prêcheurs. Rare. La Sainte-Beaume, par Israël Silvestre. 2 pièces.

90 — Vues de Bloys, dont le château, par Ducerceau. 2 pièces.

91 — Vues de Boisgency, Bourbon-Archanbaut. Cinq pièces par et d'après Israël Silvestre.

92 — Vues de Boulogne-sur-Mer, etc. 7 pièces.

93 — Vues de Bourges, l'église Saint-Etienne, etc. 7 pièces.

94 — Vues et plans de Besançon. 3 pièces, plus un dessin.

95 — La Charité. Vue perspective de Linclerc, par Israël Silvestre.

96 — Charléville. Le pourtrait de la Nevve et incomparable ville de Charleville, beau plan en quatre feuilles. *Moreau deli et fecit et excu.* Grand prieuré de l'ordre et religion de la milice chrétienne, érigé à Charleville, par *E. Moreau*, 1625. Deux pièces très-rares.

97 — Calais, Compiegne. 11 vues et plans, dont deux dessins.

98 — Cambray, Cherbourg, Caudebec, Colmar, Coutances, Chably, Caen, Chatillon-sur-Loing, etc. 11 pièces.

99 — Chartres et Chateaudun, cinq plans, vues et cathédrale.

100 — Chambord, par Aveline Chenonceau, dessin par Flamen; château de Creil, etc. 4 pièces. Cet article sera divisé.

101 — Cisteron. Plan dessiné, ville de Clairac; tour de Cordovan, par Chastillon, édité par Boisseau, en 1642. 3 pièces.

102 — Dijon. Le vray povrtraict de la ville. Edoardvs Bredin 1574, en bois, plan en 1770. 3 pièces.

103 — Dunckerke, Douai. Plans et vues. 6 pièces.

104 — Gaillon. Plans et vues du château en 1748. Deux vues, une par Israël Silvestre.

105 — Graveline. Prise de la ville et du château par le duc d'Orléans, le 29 juillet 1644; au bas de l'estampe gravée en bois, trois chansons sur la prise de Graveline et à la suite, on lit: *A Orléans*, chez René Frémont, libraire imprimeur, 1644. Très-rare.

106 — Grenoble. Plans et vues dessinés par Silvestre et gravés par Perelle, Aveline; plan de la Chartreuse, etc. 12 pièces.

107 — Vue de la grande Chartreuse de Grenoble. *Leonard Gaultier incidit, I. Messager excudit.* Rare. Estampe en deux feuilles.

108 — Lille. Plans de la ville et 14e expérience aérostatique de M. Blanchard à Lille, en 1785, d'après L. Watteau. 6 pièces.

109 — Lyon. Perspective de la ville de Lyon par Robert Pigovt, en six planches. A Lyon, dessigné et gravé par Israël Silvestre, plus le titre gravé par *F. Rambauld fecit.*

110 — Plans de la ville de Lyon, aux XVIIe et XVIIIe siècles, et en 1826. Sept pièces.

111 — Vues des monuments de la ville de Lyon, la Loge des Changeurs, l'Hôtel-de-Ville, etc. 21 pièces.

112 — Vue et plan de l'Hôtel-de-Ville de Lyon en 1660-61, et autour les armoiries des prevost et échevins de la ville et gouverneurs de la province de 1595 à 1655. *Nicolas Auroux fecit.* Quatre feuilles. Rare.

113 — Laon, Laferre, plan en 1596; La Rochelle, 1628. Plans et vues de ces villes. 8 pièces.

114 — Metz en Lorraine. Deux plans dessinés, dont un de 1699. Vue et plan de la cathédrale par François Bournac et Rollin. Vue du château de Lorry. *A Nancy*, 1790, *Harpin in. sc.* 8 pièces.

115 — Marseille. Plans et vues perpectives aux XVIIe et XVIIIe siècles. 9 pièces, dont un dessin.

116 — Montauban, Montpellier, etc. 11 plans et vues.

117 — Montreuil-sur-Mer. Plan de citadelle. Plan exécuté par Bachot, ingénieur du roy, en 1632. Dessin lavé.

118 — Nancy. Plan de Lerouge, 1752; grand plan par Belprey en 1754, et divers autres, et vue de l'église des Capucins, par Silvestre. 8 pièces.

119 — Plan de Nancy en 1611, en 4 feuilles, par *Claudius de la Ruelle, author, Fredericus Brentel fecit. Hermanus de Loye excudit* (1). Très-rare.

120 — Nantes. Vue perspective de cette ville sous Louis XIII, gravé en Hollande par Savry. Deux plans, dont un par Lerouge, en 1766. 3 pièces.

(1) Ce plan fait partie des funérailles de Charles III, duc de Lorraine. Cet ouvrage, très-rare, se compose de 71 pl.

121 — Nismes, trois vues; Noyon, deux vues.

122 — Orléans; plans de cette ville aux XVIe, XVIIe et XVIIIe siècles, dont un en bois, par *R. Rancvrel faciebat*. 9 pièces.

123 — Vues de la cathédrale d'Orléans; le pont en 1752; autel de l'église Saint-Aignan, par Meissonnier, etc. 9 pièces.

124 — Orléans. Dessin à la plume au recto et au verso, sur vél., par Hollar.

125 — Orange, Saint-Omer, 1638, par Della Bella; Poitiers, etc.; plans et vues. 6 pièces.

126 — Rennes. Incendie de la ville en 1720, le 22 décembre; il dura sept jours et consuma plus de 800 maisons. *Huguet, architecte, in. et del.*

127 — Rheims. Carte du diocèse de Rheims, dessigné par Jean Subrian. Chaalonnois, 1623, et 4 autres plans.

128 — Rheims, ville tres antienne et magnifiqve, par C. Chastillon, gravé par Merian. *A Paris, chez Jean Boisseau.*

129 — Le Pourtraict de la ville, cité et université de Rheims, par *E. Moreau, del. et scul.* Au bas, 12 vers, par René de la Cheze Remois.

130 — La même vue sur une draperie, autour les monuments de Reims. *E. Moreau fe. et excudit.*

131 — Le somptvevx frontispice de l'église Notre-Dame de Reims, ville du sacre, 1625. *N. de Son Rem. fe sculp. exc.* Superbe épreuve avant l'adresse de Moreau.

132 — Portail de la cathédrale de Rheims. *E. Moreau fecit, excudit*, 1623. Très-rare.

133 — Le rare et tombeau de saint Remy. *E. Moreau excudit*. Ancien arc de triomphe à Reims. 4 pièces. *E. Moreau del. et sculp.* 5 pièces rares.

134 — Reims. Vues de la cathédrale et diverses antiquités. 21 pièces.

135 — Portail de la cathédrale de Reims. Dessin à la plume sur vélin.

136 — Portail de la cathédrale de Reims. A Paris, chez Demortain, 2 épreuves, une avant la retouche.

137 — Rouen. Plan de cette ville, en 6 feuilles, par Jacques Gomboust, ingénieur du roi, avec privilége de sa majesté pour quinze ans, 1655; un texte explicatif. *A Paris, chez Nicolas Berey, enlumineur du roi, proche les Augustins, aux Deux Globes*, 1660. Beau plan et très-rare.

138 — Rouen. Vue perspective, par C. Chastillon Chalonnais. *Boisseau excudit*. Rare.

139 — Rouen. Vue perspective en 1660. A Paris, chez N. Berey, 2 feuilles. Rare.

140 — Vue perspective de la ville de Rouen, par M. Mérian, en 4 feuilles.

141 — Rouen. Vues perspectives, gravées par Bacheley, *del. et sculp.*, 1768. Épreuves avant la lettre.

142 — Rouen. Sept plans à diverses époques.

143 — Vues perspectives de la ville de Rouen aux XVIIe et XVIIIe siècles, par Baltazard Moncornet et autres. 6 pièces.

144 — Rouen. Eglise de l'abbaye royale de Saint-Ouen. Cinq planches dessinées par Toutain et gravées par G. Audran et David.

145 — Cathédrale, église de Saint-Ouen, Porte de Rouen, vieux châteaux, Palais de Justice, hôpital Saint-Roch, etc. 16 pièces.

146 — Strasbourg. Plans et vues perspectives, 11 p. diverses.

147 — Strasbourg. Portrait et intérieur de la cathédrale et de la grande horloge, 33 pièces gravées aux XVIe, XVIIe et XVIIIe siècles, par A. Aubry, Guido, Boucher, Al. Heyden, Kloyper, Daniel Specklin, 1587, Isaac Brun, etc. Cet article sera divisé.

148 — Strasbourg. Vue de la ville. Dessin colorié attribué à Van der Meulen.

149 — Strasbourg. L'Horloge de la cathédrale, gravée en bois en 1574. Rare.

150 — Sedan, par Chastillon. Saintes en 1560. Ville de Sommière. A Paris, chez Melchior Tavernier. 3 pièces.

151 — Toul. Vue de cette ville, par Israël Silvestre, et la cathédrale. 4 pièces.

152 — Toulon. Plan, en 1793. Toulouse. Plans. 4 p.

153 — Tours. Vue perspective en 4 feuilles. *Cl. N. Visscher excudit*. Un plan de Tours, par Nozereau, en 1738, dessin et cinq vues gravées en Angleterre. Cet article sera divisé.

154 — Verdun. Dessignée par le sieur de la Pointe, en 1678. Dessin colorié.

155 — Valenciennes. Plan de la ville et de la citadelle, tour de Verneuil, plan de Valence, vue de la Fontaine de Vaucluse, dessinés et gravés par J.-J. Parocel.

156 — Vues de divers monuments, églises, antiquités de Lisieux et autres villes de France. 29 pièces.

Anciennes Estampes historiques sur l'histoire de France de 1429 à 1800

157 — Pourtrait d'une tapisserie faite il y a deux cens ans, ov est représenté le roy Charles VII allant faire son entrée en la ville de Rheims, pour y estre sacré à la condvite de la Pucelle d'Orléans, 1429, *J. Poinsart, F.*

Très-belle épreuve d'une estampe très-rare.

158 — Le combat d'un chien contre un gentilhomme qui avait tué son maistre, faict à Montargis, gravé par *R. Lochon, édité par Jacques Lagniet.*

De chaque côté de l'estampe un texte latin et français, à la fin duquel on lit : L'histoire fuct peincte par le commandement du roy en la grande sal de Montargis, comme on la peult uoir encor aujourd'huy, et à recommandée par plusieurs et singulièrement par Julius Scaliger, en son liure contre Cardan, *exerci 202* (1). Très-rare.

(1) Ce même tableau a aussi été gravé à l'eau-forte, par *Androuet Ducerceau.*

159 — La Cour du roi Charles V, surnommé le Sage. *Jollain ex.*

160 — Procession monacale du temps de la Ligue, 4 février 1593.

161 — Décoration pour l'entrée de Henri II et d'Élisabeth d'Autriche, roy et reyne de France, dans la ville de Paris, 16 juin 1549. 11 pièces gravées en bois. — Entrée de Charles IX, roy de France, dans la ville de Paris, le 6 mars 1572. 16 pièces gravées en bois. En tout 27 pièces, rares, détachées d'ouvrages du temps.

162 — Pourtraict de l'Assemblée des Etatz, tenuz en la ville d'Orléans, au mois de janvier 1560. Pièce gravée en bois du temps.

163 — Même sujet, gravé au trait aussi du temps.

Règne de Henri IV

164 — Réduction miraculeuse de Paris sous l'obeïssance du roy très-chrétien Henri IV, le 22 mars 1594. — Comme le roy alla incontinent à l'église de Nostre-Dame rendre grâce à Dieu de cette admirable réduction, etc. — Comme Sa Majesté le même jour, estant à la porte Saint-Denis, veid sortir hors Paris les garnisons étrangères que le roy d'Espagne y entretenaient. *N. Bollery pinxit. Paris, chez la vefue Jean le Clerc, rue Saint-Jean-de-Latran, à la Salamandre.* Trois pièces rares, avec le texte autour.

165 — Entrée d'Henri IV, roy de France, et de la reyne Marie de Médicis, dans la ville de Paris, gravé par *Mathieu Merian.*

166 — Pyramide dressée à la porte du palais, en mémoire de l'attentat de Duchatel contre la vie du roy Henri IV. Ledit Duchatel jugé et exécuté en l'année 1594. 3 pièces.

167 — Représentation des cérémonies et de l'ordre gardé au baptesme de Monseigneur le daulphin et de Mes-Dames ses sœurs à Fontainebleau, le 15e jour de septembre 1606. Gravé par *Léonard Gaultier*, 1606, avec le texte autour du sujet, *en vrais françois et briefve narration..... A Paris, chez Jean Leclerc, 1610*. Pièce très-rare.

168 — Statue équestre de Henri le Grand; au bas, cinq vers à la reine. 1re épreuve avec les armes de France et de Navarre.

169 — La même, 2e épreuve, les armes enlevées, mais deux légendes imprimées y sont jointes (1). *A Paris, chez Melchior Tavernier*, 1627.

170 — Statue équestre de Henri IV, élevée en la place du Pont-Neuf de Paris, en l'année 1635. *P. Brissart del. et sculp.* A Paris, chez Contat.

(1) Ces légendes contiennent le détail de la statue et l'inscription finissant ainsi : « Et la première pierre dudit piedestal a esté mise par Sa Majesté, sous les auspices de la reyne, le 2e jour de juin 1615. » Cette statue, de Jean de Bologne, a été achevée d'élaborer par le sieur Pietro Traca, sculpteur.

Règne de Louis XIII

171 — Couronnement de Louis XIII; dans la marge du bas 12 vers, gravé d'après F. Quesnel, par *Thomas de Leu*. Rare.

172 — *Cerimonie fatte nella sacra incoronatione del Christ*mo *re de Francia et Navarra Lodovico XIII*. Pièce à l'eau-forte, par un maître italien. Très-rare.

173 — États généraux tenus par Louis XIII à Fontainebleau. Pièce très-rare gravée à l'eau-forte, par *Joan Ziamko, Polonais*.

174 — Le même sujet, copié par Picquet, en 1789.

175 — Les magnificences pvbliques dv carrozel fait en la place Royale de Paris, le jevdy v avril M. D. C. XII, à l'occasion du mariage de Louis XIII et d'Anne d'Autriche. *A Paris, chez Jean Leclerc*, 1612. Pièce très-rare, gravée à l'eau-forte, par *Joan Ziamko, Polonais, fecit*. Autour de cette estampe, un texte descriptif du carrousel.

175 bis. — Les Rochellois aux pieds de Louis XIII. Pièce gravée en bois. — La triomphante entrée du roy Louis XIII à La Rochelle, 1er novembre 1628. Deux estampes.

Règne de Louis XIV

176 — Première séance royalle du roy Lovis XIV, en son parlement, où, assisté des princes et plusieurs officiers de la couronne, il déclare la reyne, sa mère, régente, le 18 may 1643. On trouve à cette estampe les noms de tous les personnages qui assistent à cette séance.

177 — Louis XIV, jeune, recevant un livre de la main des échevins. Cette pièce a été gravée par *Cl. Mellan* en 1643. Pièce rare.

178 — La prise et deffaicte et prise gnâlle des chatz d'Espaigne par les ratz français deuant la ville et cité d'Arras. Pièce satirique très-rare, gravée par G. Perelle, d'après Richer.

179 — Le grand combat donné dans Arras entre les chats et rats sortis de la ville et de tout le comté d'Artois (1). Pièce gravée en bois.

180 — Cérémonie observée au mariage d'Uladislas, roi de Pologne, et de Louise-Marie de Gonzague à Fontainebleau, le 25 septembre 1645, dessiné et gravé à l'eau-forte, par *A. Bosse.*

Très-belle épreuve d'une pièce capitale de Bosse.

(1) Ces pièces satiriques sur la prise d'Arras, en 1640, avaient été occasionnées par les Espagnols, grands faiseurs de proverbes, qui avaient dit : *Quand les Français prendront Arras, les rats mangeront les chats.*

181 — Les justes souhaits de la France victorieuse pour le mariage du roy Louis XIV.

182 — Le roy Louis XIV, jeune, la reyne, les princes et princesses chassant à Fontainebleau. Pièce rare.

183 — Le tableau des victoires et des triomphes où sont représentées les réceptions magnifiques faites à Paris, le 8 septembre 1656, à la reine Christine de Suède.

184 — Réception de la reyne de Suède par la ville de Paris ; les échevins et prévost des marchands offrent un dais à la reyne, par ordre exprès du roy, le 8 septembre 1656. Très-belles pièces.

185 — Entrée de la reine de Suède, le 8 septembre 1656, gravé par N. Cochin. *A Paris, chez Pierre Mariette.*

186 — La triomphante entrée du roy et de la reyne dans Paris, le 6 août 1660. Très-grande frise gravée par Le Pautre. *A Paris, chez Van Merlen, rue Saint-Jacques, à la ville d'Anuers, avec pruil. du roy,* 1665. Très-belle épreuve, 2 pages de description.

187 — La magnifique entrée du roy Louis XIV et de la reyne Marie-Thérèse dans la ville de Paris, le 26 août 1660. Quatre différentes compositions, dont une gravée par *G. Ladame*, plus une description par F. Colletet, avec les armes et la dédicace à P. Séguier.

188 — Carrousel et courses de fêtes et de bagues faites par le roy et par les princes et seigneurs de sa cour, en l'année 1662. Paris, 1670, in-fol. de 47 pl., dont 8 par Israël Silvestre, plus un titre avec le portrait de Louis XIV, par *Egide Rousselet.*

189 — Trois planches rares, sans noms d'auteurs, pour le même carrousel, et un titre manuscrit.

190 — Entrée dans la ville de Paris du cardinal Ghigi, légat et neveu du pape Alexandre VII, le 9 août 1664. Trois différentes compositions. — Entrée à Paris de l'ambassadeur de Savoie, le 7 juillet 1697. 4 pièces.

191 — Procession de la châsse Sainte-Geneviève devant Notre-Dame, avec pardon et indulgence pour les porteurs de la châsse, 1679. *I. Le Pautre fecit.* Pièce rare.

192 — Louis XIV, auquel la prévoté de Paris présente le livre de la relation de son entrée dans cette ville, le 6 août 1682. Gravé par Chauveau.

193 — Arcs de triomphe élevés dans Paris pour l'entrée du roy et de la reyne, en 1682. Sept pièces gravées par *Jean Le Paultre* (sic) et *Marot.*

194 — Le roy Louis XIV se rendant en cortége pour inaugurer l'église des Invalides. Grand et curieux dessin attribué à Van der Meulen ; il est, à quelques variantes près, le même su-

jet que le tableau attribué à Martin, qui se voit au Musée du Louvre (1). Notre dessin, d'abord très-légèrement fait à la pierre noire, a été repris et lavé à l'encre dans plusieurs parties.

195 — Louis XIV visitant l'Observatoire. *S. Leclerc in. et fe.* Le roy Louis XIV ordonnant l'exécution de l'Hostel royal des Invalides. —Vue du réfectoire des Invalides. — Entrevue de Louis XIV et de Philippe IV dans l'île des Faisans, d'après Le Brun, par Jeaurat, 1728. 4 pièces.

196 — Louis XIV mettant le cordon bleu à Monseigneur le duc de Bourgogne, gravé d'après Watteau, par *N. de Larmessin.*

197 — Érection des statues de Louis XIV sur les places des Victoires et Louis le Grand, en 1669. Cinq estampes, par Le Pautre et autres.

198 — Portrait de Louis XIV et de ses fils et petits-fils, frontispice. *Guilbaud in. A Paris, chez Gantrel.*

199 — Louis XIV en pied et en costume romain; on lit : *Louis, qui fit trembler la terre et ne trembla jamais,* etc. Cette estampe porte le nom de *Nanteuil, sculp.*

(1) Ce tableau a été vendu aux enchères, hôtel des Commissaires, rue Drouot, le 30 juin 1855, au prix de 1,910 fr.; il était porté au catalogue comme de Van der Meulen.

200 — Statue du roi Louis XIV; il est représenté en pied, terrassant la Rébellion. Pièce rare, gravée par Frosne (1).

201 — Proclamation de la paix entre les puissances, la France, l'Angleterre et la Hollande, en 1713.

Règne de Louis XIV

Almanach de 1665 à 1686, représentant des faits historiques.

203 — La pompeuse et magnifique entrée de Flavio, cardinal Ghigi, légat *a latere* en France, faite à Paris le 9 août 1664. Almanach pour 1665, gravé par N. de Larmessin. *A Paris, chez P. Bertrand.*

204 — Le Cercle de la cour royale de France, almanach pour l'année 1667. (Manque le bas.)

205 — L'auguste séance de leurs majestés en Flandre, accompagnées du dauphin et de toute la cour. Almanach pour l'année 1671, dessiné et gravé par N. de Larmessin. *A Paris, chez P. Bertrand, rue Saint-Jacques, à la Pomme d'Or.*

206 — Le Voyage du roy aux mois d'août, septembre et octobre 1682; dans le fond, la ville de Chartres. Almanach pour 1683. *A Paris, chez J. Montcornet.*

(1) Cette statue, placée à l'hôtel de ville en 1654, y demeura jusqu'en 1687, auquel temps le roy vint y dîner, et s'étant, en descendant, tourné du côté de la statue, il dit : *Ce n'est plus de saison.* Dès la nuit, on travailla à l'ôter, et elle fut portée à Chessy, maison de campagne de M. de Sourcy, alors prévost des marchands. Deux ans après, on mit à la place celle de Coizevoix.

207 — Louis le Grand donnant un prince aux Bourgognes. Almanach pour l'année 1683. *Paris, chez Montcornet.*

208 — Naissance de Monseigneur le duc de Bourgogne, à Versailles, le 6 août 1682. Illumination de la galerie du Louvre. Almanach pour l'année 1683. *A Paris, chez N. Langlois.*

209 — Le Mariage de Monseigneur le duc de Bourbon et de Mlle de Nantes, dans la chapelle royale de Versailles, le 24 juillet 1685. Almanach pour l'année 1686. *A Paris, chez Iean Montcornet, rue Saint-Jacques, à la Félicité.*

210 — Les Aduantages remportés sur les Turcs par l'armée chrestienne, les 16 et 19 août 1685. Almanach pour 1686.

211 — Le Triomphe des Chrétiens, ou les insignes Victoires remportées sur les Turcs, le 16 août 1685. Almanach pour 1686.

212 — Le Consistoire de l'erreur désolé. Almanach pour l'année 1686.

213 — L'Audience donnée au sérénissime doge de Gennes. Almanach pour 1686. *A Paris, chez la veuve Bertrand.*

214 — Le Triomphe de l'église sur Calvin et sur Mahomet. Almanach pour 1686. *A Paris, chez P. Landry, rue Saint-Jacques, à Saint-François de Salles.*

Règne de Louis XV

215 — Le roy Louis XV tenant son lit de justice pour la première fois en son parlement, à Paris, le 12 septembre 1715. Dessiné sur le lieu par *F. Delamonce, de Poilly f.*

216 — L'an 1715, premier du règne de Louis XV et de la régence du duc d'Orléans, la liberté a été rendue à ceux qui étaient exilés pour les affaires de l'Église.

217 — Entrée de l'ambassadeur de Perse à Paris, vue dans la place Royale, le 7 février 1715.

218 — Première et seconde représentation de la cérémonie du sacre de Louis XV dans l'église de Rheims, le 25 octobre 1722. *A Paris, chez Demortain.* Deux estampes, une est double avant la lettre.

219 — Sacre de Louis XV. Trois différentes compositions.

220 — L'auguste cérémonie faite en la grande chambre du Parlement. Sa majesté Louis, quinzième du nom, roy de France, séant en son lit de justice, ordonne la déclaration de sa majorité, le 22 février 1723. *A Paris, chez Maillot, rue Saint-Jacques.* — Ordre de la séance tenue par le roy Louis XV à sa majorité, le 22 février 1723.

221 — L'auguste cérémonie du mariage de Don Philippe, grand amiral d'Espagne, avec Élisabeth, Madame première de France, dans la chapelle de Versailles, le 26 août 1739. Almanach pour 1740.

222 — La Chasse royale où la reyne s'est trouvée la première fois avec le roy. — Le Mariage de Dom Philippe, infant d'Espagne, avec Madame Louise-Élisabeth de France. — Arcs de triomphe élevés pour la réception du roy en 1744 et 1745. 4 pièces.

223 — Statue équestre de Louis XV, élevée sur la place de ce nom. *Bouchardon inuenit.* Dessiné par *Moreau le jeune.*

224 — Plan du lit de justice tenu par le roy, le 13 décembre 1756, dans la grande chambre du parlement au palais, à Paris. — Plan du lit de justice tenu par le roy dans la grande salle des gardes du corps, au château de Versailles, le 21 août 1759. Autre plan de la séance du 20 septembre 1756.

225 — Le chœur de l'abbaye de la Trappe, la châsse de Sainte-Geneviève et guérison miraculeuse le jour de la Fête-Dieu, en 1725. 3 pièces.

Règne de Louis XVI

227 — Louis XVI tenant son lit de justice, le 6 août 1787. Dessiné et gravé par Girardet. Épreuve avant la lettre.

228 — Vues de la procession des États généraux, à Versailles, le 4 mai 1789. — Travaux au Champ-de-Mars par les citoyens de Paris, pour la Confédération du 14 juillet 1790. — Vue du Champ-de-Mars le jour de la Confédération, par Mandar, architecte. 3 pièces.

229 — *Vues de la Bastille.* Deux par Israël Silvestre, une par Marot; un dessin par Flamen; une vue lors de l'entrée à Paris du nonce du pape en 1732; quatre différentes vues, dont un dessin; sept différentes vues de la prise de la Bastille en 1789; l'Homme au masque de fer; les portes de la Bastille; un dessin, un plan, et trois planches de médailles commémoratives. En tout 21 estampes.

230 — *Exécution de Louis Capet, seizième du nom, le 21 janvier 1793.* Pièce très-rare, gravée à l'eau-forte, sans nom d'auteur.

231 — La mort de Louis XVI, et cinq autres pièces de cette époque.

Décorations, Feux d'artifices aux XVIIe et XVIIIe siècles

232 — Représentation de deux artifices de feux et triomphes faicts à Paris sur la rivière, devant le Louure, le dimanche 25 et le jeudi 29e jours d'aoust 1613, en l'honneur de la Sainct-Louys. — Autre sur le gué (*sic*) des Célestins et en l'isle Louuiers, le lundi 2 septembre. Deux pièces rares avec légende, gravées par Math. Merian. *A Paris, chez Nic. de Mathonière*, 1613.

233 — Les lis foudroyants, feu tiré devant Leurs Majestés, au Palais-Royal, le jour de la Saint-Louis, 1644, par M. Lespinasse, Parisien. *Ganière ex. cum priuil.* Rare.

234 — Plan et vue du feu d'artifice tiré à Paris, sur la Seine, le 21 janvier 1730, pour la naissance du dauphin. *Servandoni inv. del., Dumont sculpsit.* Pièce rare à l'eau-forte.

235 — Décorations de feux d'artifice tirés sur la Seine, devant le Louvre et au palais de Meudon, et illumination de la grande galerie du Louvre, de l'hôtel de Bouillon, l'hôtel de Nesle, palais de l'ambassadeur d'Espagne, dans les années 1682, 1699, 1704, 1709, 1735, pour traité de paix, naissance du duc de Bourgogne, etc. Onze pièces, par Demarest, Beausire, Marot, Cochin, etc.

236 — Décorations des feux d'artifice tirés devant la place de Grève ou Hôtel-de-Ville, pour les fêtes données par la ville de Paris, en 1698, 1729, 1739, 1741, 1744, 1745, 1756, 1758 et 1759, à l'occasion d'événements publics, traité de paix, prise de villes, victoires remportées, naissance du dauphin, fête de Saint-Louis, rétablissement de la santé du roy Louis XV. Seize pièces sur les dessins de Soubreau, Dumesnil, Marot, Beausire, Damun, peintres et architectes.

237 — Décoration d'un grand temple. *Meissonnier, architecte, in Laureolli sculp.* Grande pièce.

238 — Décorations d'un temple de l'Hymen projeté pour un feu d'artifice sur le Pont-Neuf, pour le mariage du dauphin, en 1745. Trois dessins par de Boncourt. Autres dessins lavés et coloriés, projets de décorations pour feu d'artifice en 1744. Huit dessins.

239 — Joûte sur la Seine à l'occasion du mariage de Madame. *J. Rigaud del. et sculp.* Illumination de la rue de la Ferronnerie en 1745, dessinée par Cochin, et illumination de l'hôtel de Bourbon. 3 pièces.

240 — Couronnement de l'empereur Napoléon Ier; entrée de Marie-Louise dans Paris, le 2 avril 1810. Translation de la statue de Henri IV, en 1818. Procès Fualdès, etc. 8 pièces.

241 — Décorations pour les noces d'un prince de Toscane, en 1608. 14 pièces, par *Canta Gallina*, d'ap. J. Parigi.

Pompes funèbres et Tombeaux, XVIIe et XVIIIe siècle

242 — Pompe funèbre d'Élisabeth-Thérèse de Lorraine, reine de Sardaigne. *De Bonneval inv., N. Cochin del et sculp.* 2 pièces.

243 — Décorations funèbres et catafalques pour Louis de Bourbon, prince de Condé, la duchesse de Bourgogne, 1690, Séguier, etc. Sept pièces dessinées par Berain et S. Leclerc.

244 — *Tombeaux* de la reine Frédegonde; de Saint-Germain, rétabli en 1690; duc de Brissac, princesse de Conti, 1672; duc de Rohan, Jacques et Guillaume Douglas, princes d'Écosse; Castellan, cardinal de Fustemberg; la reine d'Angleterre, en 1769; Casimir, roi de Pologne, et pompes funèbres du dauphin, en 1712. Treize pièces par *Girardon*, *J. Marot*, etc.

245 — Carte générale de la monarchie française. 1re feuille servant de titre.

246 — Les articles.

Renou et Maulde, Imprimeurs de la Compagnie des Commissaires-Priseurs
rue de Rivoli, 144 13249

www.ingramcontent.com/pod-product-compliance
Ingram Content Group UK Ltd.
Pitfield, Milton Keynes, MK11 3LW, UK
UKHW020501230726
13925UKWH00005B/2063